AF284229

Janie Nesle

Zeilensprung

Literarische Texte

Impressum

Bibliografische Information der Deutschen Nationalbibliothek:
Die Deutsche Nationalbibliothek verzeichnet diese Publikation in der
Deutschen Nationalbibliografie; detaillierte bibliografische Daten sind im
Internet über http://dnb.dnb.de abrufbar.

© 2022 Janie Nesle

Lektorat: Janie Nesle
Korrektorat: Janie Nesle

Herstellung und Verlag: BoD – Books on Demand, Norderstedt

ISBN: 978-3-7562-4240-5

Widmung

Die Geschichten und Texte in diesem Buch widme ich meinem jüngeren Ich, welches sich mit starken Selbstzweifeln herum geschlagen hat und manchmal aufgeben wollte, anstatt für sich selber einzustehen.

Vorwort

Manche Texte in diesem Buch sind meine Gedanken und Gefühle zu bestimmten Themen. Manche sind mal für die Schule geschrieben worden. Also alles in allem eine bunte Mischung.

Eule

Eine kleine Eule liegt in meiner Hand. Ich lasse sie durch meine Finger gleiten. Diese kleine Eule ist ein Geschenk. Ein Geschenk,was meine Gedanken herumwirbeln lässt. Ich denke zu viel,und das weiß ich.

Doch ich sehne mich nach früher. Früher,als eine andere Eule in meiner Hand lag. Ich weiß nicht,wie ich es in Worte fassen soll. Früher war alles einfacher. Es war nicht so kompliziert. Doch heutzutage machen Worte und Taten alles kompliziert.

Ich bilde mir ein,dass diese Eule mich beschützt und mir Glück bringt. Jedes mal wenn ich diese Eule in die Hand nehme,schießen mir wieder die Bilder von dem Tag in den Kopf,wo ich diese Eule bekommen habe. Ich denke,ich habe an diesem Tag nicht nur die Eule bekommen,sondern auch einen Teil von mir zurück bekommen,den ich schon lange vergessen habe.

Es war falsch,doch es fühlte sich so gut an. So richtig. Seit diesem Tag denke ich ununterbrochen daran. Wie kann etwas so falsch sein,sich aber trotzdem so richtig anfühlen?

Ich bin mir sicher,jetzt wird alles nur noch komplizierter. Ich weiß nicht was machen oder denken soll. Zu einem Teil will ich diese Geborgenheit,die ich an diesem Tag wieder gefühlt habe,zurück. Zum anderen Teil weiß ich,das geht nicht. Ich weiß nicht warum.

Ich habe keine Ahnung. Soll ich auf meinen Kopf oder auf mein Herz hören? Mein Herz sagt ja,mein Kopf sagt nein. Meine Freunde sagen,ich soll auf mein Herz hören. Doch das funktioniert leider nicht.

Vielleicht war dieser Tag Schicksal.Vielleicht musste es so kommen.Vielleicht sollte das ein Zeichen oder ein Hinweis sein. Ich weiß es nicht.

Eulen gelten doch als weise. Doch diese Eule macht alles nur noch komplizierter. Wenn es doch nur so einfach wäre. Doch das ist es leider nicht.

Und dann sind auch noch die kleinen Biester die man Gefühle nennt. Sie machen alles nur noch komplizierter und schwieriger. Ich wüsste so gerne was ich machen soll. Doch egal,wie ich mich entscheide,es wird nichts bringen. Das weiß ich. Doch dass macht es nicht leichter. Im Gegenteil. Wo ist meine Intelligenz,wenn ich sie mal brauche? Was nützt es mir,dass ich sämtliche Daten der deutschen Geschichte auswendig kenne,aber nicht weiß,wie ich mich entscheiden soll?

In diesem Punkt bin ich wie ein kleines naives Kind,was nach wie vor die Hoffnung nicht aufgibt und es wieder und wieder versuchen möchte? Doch das wäre nicht richtig,obwohl es sich so richtig anfühlt.

Dieses kleine Lächeln,wenn ich mir die Eule ansehe.Doch es würde nicht klappen. Und man sagt ja,alle guten Dinge sind drei. Doch es wird kein drittes Mal geben. Das weiß ich und es wäre dumm von mir,das zu hoffen oder zu glauben.

Ich würde so gerne dein Gesicht sehen,wenn du diese Zeilen liest. Deine Gedanken hören. Dich in den Arm nehmen. Einfach nur bei dir sein. Du bist mir nie aus dem Kopf gegangen und schon gar nicht aus dem Herzen.

Einer dieser Tage

Es ist wieder einer dieser Tage. Einer dieser Tage die gut anfangen,und dann immer schlechter werden. Am Ende des Tages sitzt du wieder mit Tränen in den Augen und Musik in den Ohren auf deinem Bett und machst dir wieder viel zu viele Gedanken. Diese Gedanken lassen dich nachts nicht schlafen. Diese Gedanken sind wie kleine Nadelstiche in deinem Herzen. Du versuchst die Gedanken auszublenden und zu ignorieren. Doch es geht nicht. Es funktioniert einfach nicht.
Du suchst Zuflucht in etwas beständigem wie der Musik.
Dir werden Sachen um die Ohren gehauen,wo du deine ganze Selbstbeherrschung brauchst,um nicht zu zerbrechen oder auszurasten. Manchmal auch beides.
Du versuchst,stark zu sein. Dir nichts anmerken zu lassen. Doch am Ende des Tages sitzt du wieder wie ein kleines Kind weinend in der Ecke,weil dir alles zu viel wird. Du hast das Gefühl,dir wächst alles über den Kopf. Du möchtest schreien,doch du weißt,das keiner dich hören wird. Also lässt du es und leidest still für dich.
Du willst nicht,dass dich irgendwer leiden sieht oder hört.

Was ist wenn?

Was ist, wenn ich nicht die einzige bin, die so denkt? Was ist, wenn die anderen genauso denken wie ich? Was ist, wenn wir alle das selbe denken? Was ist, wenn ich denke dass ich anders bin, es aber nicht bin?

Wenn jeder in die selbe Richtung denkt und die Gefühle in die selben Bahnen drängt.

Wenn die Gedanken frei sind und sich trotzdem in vorgeschriebenen Bahnen bewegen. Wenn die Gedanken sich immer nur um das selbe und die selben Fragen drehen.

Wenn du jeden Tag nur an das selbe denkst. Wenn du jeden Tag nur das selbe machst. Wenn du jeden Tag nur den selben Menschen begegnest .Wenn du jeden Tag nur auf den selben Wegen gehst.

Wenn du Nachts nicht schlafen kannst, weil du das Gefühl hast, dein Kopf explodiert.

Freunde? Feinde? Oder etwas dazwischen?

Angeblich sind wir Freunde. Nein. Beste Freunde,die alles überstehen und zusammen halten. Die eigentlich nichts trennen kann.
Eigentlich.
Du hast dich durch sie verändert. Sie hat uns verändert. Egal ob Gefühle oder nicht. Freundschaft bleibt. Normalerweise.
Sie hat dich in der Hand. Wie es mir deswegen geht,interessiert dich nicht. Seit dem du mich nicht mehr jeden Tag siehst,gibt es nur noch sie. Sie ist ja jeden tag um dich herum.
Doch ich stehe hinter dir. Ich kenne alles von dir. Mir hast du deine wahren Ängste und Schwächen gezeigt und nicht ihr. Mich verletzt du damit. Doch das ist dir ja nicht klar.
Seit dem du sie hast,von der du meintest,da wäre nichts,ignorierst du mich. Du fragst mich ja noch nicht mal mehr wie es mir geht. Oder ob mich etwas beschäftigt. Ich bin mir noch nicht mal sicher,ob du im Moment weißt wann mein Geburtstag ist.
Du hast mich ja von jetzt auf gleich blockiert. Du hast dich ja von mir abgewendet. Ich wäre nach wie vor für dich da,wenn du mich nur lassen würdest. Plötzlich bin ich abgeschrieben. Abgeschoben und vergessen. Doch ich werde dich dann irgendwann auch mal so hängen lassen wie du mich jetzt. Karma rächt alles.
Ich weine inzwischen fast jeden Abend wegen dir. Doch selbst wenn du es wissen würdest,wäre es dir egal.
Eine kaputte Liebe kann man verkraften und irgendwann vergessen. Doch bei einer kaputten Freundschaft geht das nicht. Denn die andere Person weiß alles über dich und du über sie. Wie willst du das je vergessen oder es verkraften? Selbst die stärkste Person zerbricht an einer kaputten Freundschaft.
Gerade jetzt,wo ich dich am meisten brauche,wendest du dich von mir ab. Du bist jetzt schlimmer als mein schlimmster Feind,da du alles über mich weißt und gegen mich verwenden kannst.

Ich gab dir ein Messer um mich zu verteidigen. Stattdessen stichst du mir von hinten in den Rücken und lachst dabei. Aber hey. Irgendwann hört es auf zu schmerzen.

Und dann kommt die Ignoranz und die Kälte. Ich werde irgendwann eiskalt zu dir sein. Es tut mir leid. Doch auch ich kann einmal nicht mehr. Ich kann dir auch nicht immer und immer wieder verzeihen.

Herz

Wenn du sagst,du liebst mich,was geht dann in deinem Kopf vor? Meinst du dass dann wirklich so oder sagst du es nur,weil es alle sagen? Ich habe dir mein Herz geschenkt.Doch du hast es weggeworfen. Manche sagen mir,ich sei gefühlskalt geworden. Doch niemand fragt sich mal warum. Ich wurde schon so oft enttäuscht und verletzt,doch trotzdem kann ich noch lieben. Doch wie lange kann ich das noch? Jedes mal wenn ich jemandem mein Herz schenke,wird es weggeschmissen. Was macht so viel Spaß daran,mich jedes mal wieder zu enttäuschen und zu verletzten?Ich habe es verstanden. Ich bin es nicht wert,geliebt zu werden. Jeder macht sich einen Spaß daraus,mich zu verletzten und zu ignorieren. Ich hatte so die Hoffnung,dass du anders bist. Das du nicht so ein Arschloch wie die anderen bist. Doch ich wurde wieder enttäuscht. Es tut jedes mal so weh.
Verdammt,warum wird meine Liebe immer so mit Füßen getreten? Ich weiß nicht,warum ich immer ignoriert werde.
Ich habe mittlerweile Angst zu Lieben,weil ich so oft enttäuscht wurde.
Ich helfe jedem immer mit allem. Doch mir hilft nie jemand wirklich mal.

Augenblicke

Das Leben ist das zerbrechlichste was wir haben,und trotzdem werfen wir es grundlos weg. Muss man erst an der Schwelle zum Tod stehen,um das zu begreifen? Das Leben kann so schnell vorbei sein. In dem einen Augenblick lachst du noch und in dem nächsten bist du tot. Das Leben kann in einem einzelnen Augenblick vorbei sein. Alles kann sich in einem einzelnen Augenblick entscheiden oder ändern. Wir sollten mehr die Augenblicke genießen,anstatt uns Sorgen über morgen zu machen. Manche denken,sie haben noch endlos Zeit und können noch alles erreichen und erleben. Andere wünschen sich mehr Zeit. Wir schätzen nie dass,was wir haben. Wir möchten immer noch mehr. Das Leben kann in den unpassendsten Augenblicke zu Ende gehen. Manche wünschen sich den Tod und andere haben Angst davor. Wir sollten jeden Tag so leben,dass wir nichts bereuen. Jeden Tag so leben,als wäre es der letzte,denn wir wissen nie,wann es wirklich unser letzter Tag ist. Am Ende wird alles gut. Viele denken "sowas passiert nur den anderen,aber nicht mir" Die Wahrheit ist aber,dass es jeden zu jeder Zeit treffen kann. Lerne die kleinen Augenblicke im Leben zu schätzen. Verschiebe nichts auf morgen,denn du weißt nie,ob du morgen noch auf dieser Welt bist.
Jeder denkt darüber anderes. Vielleicht ist es für manche seltsam,dass ich mir mit meinen jungen Jahren darüber schon Gedanken mache. Doch ich habe gelernt,wie wertvoll Augenblicke sind.

Vermissen

"Ich vermisse dich" "Du fehlst mir manchmal schon ziemlich stark!" "Seit dem du weg ist,bin ich am Boden"
Wenn euch doch allen so viel an mir liegt,warum lasst ihr mich dann gehen?Warum lasst ihr es überhaupt so weit kommen?
Warum fällt euch erst auf,was ihr an mir hattet,als ich weg war? Warum habt ihr das nicht gesagt als ich vor euch stand und euch gebeten habe,mich nicht gehen zu lassen? Warum habt ihr mich nicht aufgehalten, als ich gegangen bin? Jetzt kann man schön von "Vermissen" reden. Jetzt wo ich gegangen bin. Hättet ihr nur ein wenig Mut aufgebracht,wäre ich womöglich nicht gegangen. Ihr hättet nur um mich kämpfen müssen. Doch jetzt wo ich gegangen bin ist es zu spät. Und ich komme auch nicht mehr zurück. Ich habe meine Türe nie ganz geschlossen. Es war eure Entscheidung,ob ihr diese Tür zu stoßt oder sie ganz öffnet. Doch wenn ich diese Türe einmal ganz geschlossen habe,bleibt sie auch zu.
Dauerhaft.

Aus Schmerz wurde Liebe

Als sie aufwachte,war er weg. Die Schmetterlinge in ihrem Bauch waren weg. In dem Bett neben ihr lag ein Zettel.Auf diesem Zettel standen nur drei kleine ,schmerzhafte Worte. Es ist aus. Diese Worte trafen sie so hart wie Pflastersteine Mit ihm war sie gewaltig auf dem Holzweg. Sie hatte ihn wahrhaftig geliebt,doch er hatte sie verlassen. Sie ging mit einer Freundin in die Disko. Dort traf sie auf diesen einen Jungen.Der Junge hatte Augen,die so tief blau waren,wie ein Gebirgssee.Der Junge sprach sie an,und sie tanzten den ganzen Abend miteinander. Später in der Nacht,küsste er sie auf dem Heimweg unter einem wunderschönen Sternenhimmel.Sie wurden ein Paar. Sie waren jahrelang glücklich. Da schlug der Junge vor,zum Meer zu fahren.Sie stimmte begeistert zu. Sie fuhren zum Meer. Das Meer brüllte und tobte. Es kostete ihn eine Menge Zeit und Anstrengung,sie von seinem Heiratsantrag zu überzeugen. Sie heirateten und zogen in kleines gemeinsames Haus. Als sie aus dem Fenster schaute,konnte sie die Wäsche im Wind an der Leine tanzen sehen.Alles schien perfekt.Doch ihr Mann wurde krank. Sterbenskrank. Die Zeit rannte ihnen davon,sie wollten sie festhalten. Es gab keine Heilung. Nun guckt er sich die Radieschen von unten an,und sie ist krank vor Kummer. Wenige Wochen später folgte sie ihm.

Angst

Da ist sie wieder.Diese Angst. Angst,vor dem kommenden.Die Angst,auch dieses Mal nicht stark genug zu sein. Stark genug,um eine abweisende und kalte Maske DIR gegenüber aufzusetzen. Ich dachte es wäre vorbei.Doch ich habe Angst,wieder zusammen zu brechen,wenn ich DIR wieder begegnen muss. Wenn DU dich wieder meldest. Was wird dann mit mir passieren?Und ich weiß, DU wirst dich jetzt bald melden. Es ist DEIN gutes Recht,doch trotzdem habe ich Angst. Was ist,wenn das wieder so wie beim letzten Mal passiert,und die Leute es sehen?Wenn sie nur meine Schwäche DIR gegenüber sehen? Wenn ich danach wieder zusammen breche?

Es ist zwar schon länger her,doch die Wunden und Narben sitzen tief. Jedes mal wenn ich dieses Wort höre,kommen die Erinnerungen zurück. Und jedes Mal denke ich dann wieder daran. Was für Folgen es hatte und noch immer hat.

Ich weiß,ihr meint es nicht böse,wenn ihr es zu mir sagt.Doch ihr habt keine Ahnung,was ihr damit in mir auslöst. Ich wende dann den Blick ab und drehe die Musik laut,damit ich es nicht mehr hören muss.Und trotzdem kann ich es noch hören. Ihr hört auch nicht auf,wenn ich euch darum bitte. Nein,ihr macht weiter,weil ihr wisst,dass mich das trifft.

Liebe

Du denkst ich würde dich lieben? Du denkst,wenn du mir plötzlich schreibst ,dass deine Freundin scheiße zu dir ist,wäre ich wieder mit dir zusammen?

Du wechselst von einer zur anderen. Die eine will nicht?Gut dann die nächste. Ich habe dich nie wirklich geliebt. Immer nur IHN. Doch das hast du ja nie bemerkt.

Dich haben immer nur meine Oberweite und mein Hintern interessiert. Wie es mir wirklich ging hat dich ja nie interessiert.

Hauptsache du konntest feiern und ich betrinken. Dabei verträgst du doch noch nicht mal einen Energy Drink.

Ich wollte einfach nur mal in den Arm genommen werden. Aber du wolltest lieber auf mir liegen. Hauptsache du hattest eine gute Aussicht auf meine Oberweite und auf meinen Hintern. Dass ich nie " Ich liebe dich" zu dir gesagt habe,ist dir nie aufgefallen. Ich habe es nur zu IHM gesagt aber nie zu dir. Ich dachte während unserer Beziehung zu oft an IHN. Um ehrlich zu sein jeden Tag.

Du kennst den Begriff "Liebe" doch überhaupt nicht Für dich war Liebe immer die nächst beste Freundin. Dir war es ja sogar egal was ich wann mit wem mache.Und woher soll ich wissen,ob du mir treu warst oder nicht?

Vertrauen

"Du kannst immer zu mir kommen wenn etwas ist. Ich höre dir immer zu . Ich bin immer für dich da"

 Alles nur leere Worte und Versprechen. Ich habe mich darauf verlassen. Doch dann war ich verlassen. Mal wieder hatte ich Hoffnungen. Mal wieder wurde ich enttäuscht. Und dann hast du mich auch nur verarscht. Doch wie sagt man so schön? "Man gewöhnt sich an alles". Doch falsch. Ich habe mich nicht daran gewöhnt mal wieder verletzt zu werden. So langsam habe ich fast niemandem mehr Vertrauen. Mein Vertrauen wurde mal wieder ausgenutzt. Du sagst du willst nicht,dass mich jemand ausnutzt. Doch genau das tust du. Wenn du es nicht ernst gemeint hast,warum hast du dann solche Andeutungen gemacht? Warum hast du mir Hoffnungen gemacht? Ich meine du kennst mich und du weißt wie ich auf so was reagiere. Doch wenn du es nicht ernst meinst, dann spiel nicht mit mir. So was ist mit der Grund warum ich langsam aber sicher immer kälter werde. Warum ich langsam aufhöre zu fühlen. Warum ich langsam alles und jeden ignoriere. Aber hey. Irgendwann kann ich über das alles lachen. wenn so was macht mich stärker. So langsam glaube ich niemandem mehr der mir sagt,immer für mich da zu sein. Ist ja doch nur alles gelogen. Ich werde einfach meinen Weg alleine gehen. Ohne irgendwen. Gehörst du vielleicht auch zu den Menschen die mich heimlich oder auch offen auslachen?

Warum?

Alle meine Freunde sagen:"Lass die Finger von ihm",denn ich bin kaum noch zu ertragen. Ich red immer von dir,denn du bist online und schreibst mir nicht. Frag mich,ob du gerade alleine bist oder fühlst du grad das Gleiche? Ich will nur,dass du weißt Und das ich dich liebe und so'n Scheiß. Und ich schreib SMS,doch ich schick sie nicht weg. Ob du online bist habe ich so oft gescheckt. Alle meine Freunde raten,dich aus dem Kopf zu schlagen.

Doch es kann anscheinend nicht sein. Aus welchen Gründen auch immer. Ich denke zu viel darüber nach. Selbst bis in den Schlaf verfolgt mich es. Ich frage mich warum. Warum zuerst Hoffnung und Glück und jetzt Ratlosigkeit und Zweifel? Warum? Warum diese Wende?Warum so eiskalt? Doch ich war dumm. Ich habe erneut gehofft. Manchmal bin ich kurz davor deine Nummer zu wählen. Doch dann breche ich immer wieder ab. Ich habe es schon einmal versucht,doch mich empfing Schweigen. Ich habe mich so gefreut,als der Abend immer später und die Nachrichten immer persönlicher und direkter wurden. Ich war so glücklich. Doch mittlerweile kommen die Zweifel zurück. Anscheinend willst du ja ,doch etwas hindert dich daran. Ich möchte nur ein wissen: Warum?

Musik

Ein langer Tag geht zu Ende. Ich gehe ins Bett. Voller Hoffnung. Die Hoffnung,heute Nacht nicht mehr alleine schlafen zu müssen. Vielleicht kommt er ja heute Nacht wieder. Meine Augen werden schwer und träge. Ich gleite ins Reich der Träume.

Irgendwas stört mich in meinem Schlaf. Ich kann es nicht zuordnen. Ich werde wach. Sanfte Musik tanzt durch das Haus. Musik?Ich war mir sicher,dass diese Musik vor dem schlafen gehen noch nicht da war. Das kann nur bedeuten,dass er wieder da ist. Leise tapsend suche ich mir noch ein wenig schlaftrunken den Weg zu der Musik.

Als ich ins Wohnzimmer gehe,sitzt er da. Er macht nicht besonderes, Er spielt einfach nur seine und meine Lieblingsmelodien auf dem Klavier. Ich bin hin und her gerissen. Soll ich zu ihm gehen und durch seine weichen Haare fahren oder ihm von hier aus bei seinem Spiel zuhören? Noch bevor ich eine Entscheidung treffen kann,verliere ich mich in seiner Melodie. Die Melodie umschließt mich wie eine warme Decke. Ich lasse mich fallen. Die Melodie erzählt von so viel und doch von nichts.

Ich nehme mir eine Decke von dem Hocker neben mir und gehe zu ihm. Er hat mich noch nicht bemerkt. Wie von Sinnen wirkt er,wenn er so spielt. Als wäre er gerade in einer anderen Welt. Seiner Welt. Behutsam lege ich ihm die Decke über die Schultern. Er unterbricht sein Spiel gerade lange genug,um mich dankend und liebevoll anzulächeln.Er spielt weiter. Seine Melodie hat sich verändert. Die Melodie ist wärmer,farbenfroher. Aber sie ist auch dunkler geworden. Als wäre da irgendetwas. Irgendetwas unausgesprochenes.

Ich lege meine Arme m ich und spüre seine Wärme und Nähe.Es ist so vertraut. Ich genieße es,bei ihm zu sein. Ich lege meinen Kopf auf seine Arme und schlafe augenblicklich ein. Ich merke,wie ich hochgehoben werde. Anscheinend trägt er mich in Bett. Ob er sich wohl zu mir legen wird und die Nacht neben mit verbringen wird?

Ich lasse mich in seine Arme falle. Sein Duft umschließt mich. Sicherheit,Geborgenheit,Liebe. Bei ihm fühle ich mich sicher und geborgen. Bei ihm kann ich ich sein. Verträumt und verrückt sein.

Auch wenn es mal schwierig wird,weiß ich,die Musik führt uns. Es gibt so viele Lieder,die wir zusammen immer hören. Musik verbindet uns. Auch wenn in seiner Musik etwas unausgesprochenes befindet,verschwindet es ganz schnell wieder. Oft genug sind wir wie eine Person. Er und ich agieren perfekt. Auch wenn ich ihm ziemlich oft in den Hintern treten muss,funktioniert es hervorragend. Ich liebe ihn so wie er ist. Und ich weiß auch,er ist immer für mich da und an meiner Seite wenn was ist. Deine Musik spiegelt deine Gefühle wieder.

Gedanken

Es ist mitten in der Nacht. Meine Gedanken ,sie kreisen Und Fliegen. Ich kann sie nicht aufhalten. Ich möchte gerade so gerne wo anders sein als hier. Doch es geht nicht. Alles in mir will weg. Woandershin. Ich habe alles was ich möchte. Oder doch nicht? Alles in mir will etwas anderes. Doch ich kann es nicht haben. Es ist so unerreichbar, und doch so nah. Ein Wort,eine Erinnerung. Ein Gedanke,eine Erinnerung. Ein Gefühl,eine Erinnerung. Was ist das eine,und was das andere? Ich weiß dass es mich teilweise zerreißt. Ich über die Vergangenheit nachdenke. Über gehen ,bleiben und alles dazwischen. Ein Schritt nach vorne,ein Schritt in Richtung unbekanntes,oder doch lieber ein Schritt zurück in Richtung bekanntes? Ich weiß so viel,doch kann so wenig tun. Das Leben steht dazwischen. Ich würde so gerne. Sind es Erinnerungen, oder doch schon Wünsche? Ich habe Angst,das falsche zu tun,obwohl es sich so richtig anfühlt. Das richtige zu tun ,weil es richtig und gut ist. Das falsche zu zu lassen,mit dem Wissen,dass es dann kein Zurück mehr gibt. Die Zeit danach zu erleben. Die Zeit danach mit Fragen und Gedanken gequält. Vor Sehnsucht gequält. Wieder unerreichbar. Die falsche Zeit,der falsche Zeitpunkt,die falsche Situation. Die Gedanken die zu Träume werden. Die Träume die zu Gedanken werden. Es ist alles eins und alles getrennt. Alles fließt zusammen und trennt sich wieder. Was wäre wenn? Ich weiß dass es falsch ist. Doch ich möchte es so sehr. Das Gefühl von damals wieder fühlen. Ein Chaos,einem Wirbelsturm gleich,tobt in mir. Ich höre die Worte,ich fühle sie. Ich sehe Hoffnung, wo ich keine sehen darf. Ich habe Wünsche,wo ich keine haben darf. Immer wenn ich die Gedanken wieder wegschiebe, kommen die Träume. Schiebe ich die Träume weg,kommen die Gedanken. Ich kenne die Antwort. Und doch kenne ich sie nicht.

Schicksal

Ich glaube eigentlich nicht an das Schicksal. Doch ich wurde wieder eines besseren belehrt. Manche würden es Schicksal nennen, andere Zufall. Doch was es auch ist, es ist verwirrend. Ich versuche abzuschließen. Und plötzlich stehst du wie aus heiterem Himmel vor mir. Einfach so. An einem Ort wo ich nie mit dir gerechnet habe. Innerhalb von Sekunden nurse ich eine Entscheidung treffen. Ich treffe sie und gehe einen kleinen Schritt auf dich zu. Ich sehe überraschen und erstaunen in deinen Augen. Damit hättest du nie gerechnet das ich auf dich zu gehe. Ich gehe zwar auf dich zu, dennoch halte ich Abstand. Du sagst mir hinterher wie mutig du mich fandest. Das ich den Schritt gemacht hab. Ich frage mich was dieser Schritt nun für mich und meine Zukunft bedeutet. Habe ich alle Wunden wieder aufgerissen? Habe ich neue hinzugefügt ? Es ist schwer zu sagen. Doch es beschäftigt mich und lässt mich nicht mehr los. Es ist so viel passiert. Ich bin nicht mehr die selbe. Du bist nicht mehr der selbe. Die Jahre haben uns verändert. Dieser, nennen wir es Schicksals-hafte Begegnung, hat mich verwirrt. Und sie hat einen Teil in mir wach werden lassen der schon lange geschlafen hat. Da ist es wieder .
Dieses kleine Kind in mir was sich wünscht das alles gut wird. Doch kann das Kind gehört werden wenn es eigentlich keine Stimme besitzt

Worte

Die Worte fliegen hin und her. Wir drehen uns im Kreis und stehen auf der Stelle. In dem einen Moment schiebe ich dich unbewusst weg,in dem nächsten will ich dich ganz fest an mich ziehen und nie mehr los lassen. ich sage geh,doch meine eigentlich bleib . Von jetzt auf gleich hat sich alles geändert und gedreht. Ich will auf dich zu rennen,dich hindern zu gehen,doch du bleibst nicht stehen. Du stehst dich um und lässt mich stehen. Meine Stimme bricht als ich dir hinterher rufe. Bis eben war doch noch alles gut. Eben ein Stofftier,jetzt harte Worte und Vorwürfe. Eben eine Umarmung und eine Zukunft,nun eine Pause und Abstand.

Da Frage ich mich,wolltest du mir das schon länger sagen,oder doch erst seit eben? Bin ich es? Oder bist du es? Oder doch wir beide?

Diese plötzliche Kälte raubt mit die Luft zum Atmen. Sie erdrückt mich. Alles was ich sage prallt an dir ab. Ich Versuche dich zu erreichen,doch irgendwie entgleitest du mir. Eben noch Planung nun Kälte.

Nun bin ich hier alleine,obwohl du bei mir sein solltest. Und ich wünsche mir gerade nichts mehr als dass du bei mir bist.

Alles in mir will deine Stimme hören,deine Nähe spüren. Doch werde ich das wieder können nach diesen Worten? Wird es wieder werden?

Ich sehe dir hinterher. Sehe dich gehen. Doch kann nichts tun. Wird es das letzte Mal sein? War es das letzte Mal?

Reden. Wenn es doch nur so einfach wäre. Wir haben geredet,doch das hat nicht funktioniert. Wir driften auseinander. Haben diese Worte alles kaputt gemacht oder doch verbessert?

Fesseln

Ich merke diese Fesseln an mir. Sie halten mich zurück. Sie halten mich am Boden wenn ich doch eigentlich weg fliegen möchte. Sie zerren mich zurück und halten mich auf der Stelle. Ich sage mir immer wieder ‚ich schüttel sie ab. Doch am Ende des Tages sind sie immer noch vorhanden und deutlich spürbar.

Etwas hält mich zurück. Ist es die Angst vor was neuem? Oder doch die Angst dass sich was verändert.
Was ist,wenn ich einfach die Flügel ausklappe und wegfliege? Dorthin wo ich hin möchte.

Ohne auf den passenden Zeitpunkt zu warten. Einfach starten. Ohne auf die passende Begleitung zu warten. Einfach losgehen. Ohne auf den richtigen Moment zu warten. Einfach machen.

Ich möchte es allen Recht machen. Also stecke ich zurück. Doch wer am Ende auf der Strecke bleibt ‚bin ich. Ich warte immer. Doch wer wartet auf mich? Wer wartet am Ende auf mich und sagt zu mir ‚danke fürs Warten? Es heißt immer,das verschieben wir. Das holen wir nach. Doch am Ende,bleibt alles wie immer. Ich bleibe doch da wo ich bin.

Ich höre so viel. Ich sehe so viel. Ich möchte so viel. Doch am Ende sind die Flügel nur an den Körper gefesselt.

Meine Flügel gehören mir. Nur mit alleine. Irgendwann werde ich sie auseinander falten und davon fliegen. Doch wann genau ist dieses irgendwann?

Doch wenn ich nicht mutig genug bin die Flügel auszufahren werde ich nie fliegen können und die Fesseln halten mich am Boden wie ein Stein.

Ich muss nur losgehen. Einen Schritt vor den anderen setzten. Doch ich bleibe stehen und schaue zurück,statt nach vorne. Wenn ich anfange los zu gehen,kann ich sehr viel sehen. Und viel erleben. Doch was hält mich hier?

Danksagung

Dankeschön erstmal an dich liebe/-r Leser/-in dass du dir mein Werk durchgelesen hast. Das freut mich sehr.

Ich möchte einmal Mina danken,die mir geholfen hat,in mein Gedankenkarussel soweit Ordnung zu bringen,dass man es aufs Papier bringen kann. Danke,auch für die ganzen Stunden Arbeit,die du mit mir in mein Buch investiert hast.

Ein besonderes Dankeschön geht auch an Hr. Hintzen,der mich immer bestärkt hat weiter zu schreiben und an mein Potenzial geglaubt hat.

Dann möchte ich meiner Familie danken,die immer an mich und meine Geschichten geglaubt haben und mich ermutigt haben,weiter zu machen und nicht auf zuhören.